Male für jede Seite, die du bearbeitet hast, einen Stern aus!

Viel Freude!

4	5
6	7
8	9
10	11
12	13
14	15
16	17
18	19

Der Igel

Der Igel

Der Igel zählt zu den ältesten Säugetieren der Welt. Es gab ihn schon vor ungefähr 50 Millionen Jahren. Vor allem wegen seiner Stacheln hat er fast keine natürlichen Feinde. Igel sind mit Maulwürfen und Spitzmäusen verwandt.
Der Igel ist ein Säugetier und heißt in lateinischer Sprache „Erinaceidae". Igel sind auf fast allen Kontinenten vertreten. Es gibt 34 unterschiedliche Arten. Man findet sogar stachellose Igel in Asien. Hier bei uns in Europa lebt der Braunbrustigel und der Weißbrustigel.

Ein ausgewachsener Igel wird bis zu 32 Zentimeter lang und wiegt zwischen 700 und 1400 Gramm. Das Gewicht eines Igels hängt von der Jahreszeit und vom Alter des Igels ab. Seine Farbe ist grau/braun/schwarz. Sein Stachelkleid besteht aus sechs- bis achttausend spitzen Stacheln, die zur Abwehr aufgerichtet werden können. Gleichzeitig rollt sich der Igel bei Gefahr ein, um seinen nackten Bauch und sein Gesicht zu schützen.

Feinde trauen sich nicht an ihn heran, da sie sich an den Stacheln verletzen würden. Die Stacheln eines Igels sind zwei bis drei Zentimeter lang und zwei Millimeter dick.

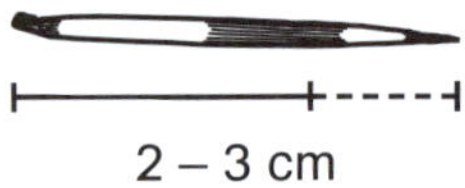

Die Stacheln bestehen aus einem eiweißhaltigen Stoff, den man Keratin nennt. Keratin befindet sich auch bei Menschen in Haaren und Fingernägeln. Dieses Keratin macht die Stacheln stark und biegsam. Der Igel hat am Kopf schwarze, runde Augen und etwa ein Zentimeter große Ohren mit Fell. Das Gebiss ist kräftig. Die Hinterbeine des Igels sind länger als die Vorderbeine. An den Pfoten sind jeweils fünf Krallen, die er zum Graben benutzt. Zudem haben Igel einen kaum sichtbaren zwei bis vier Zentimeter

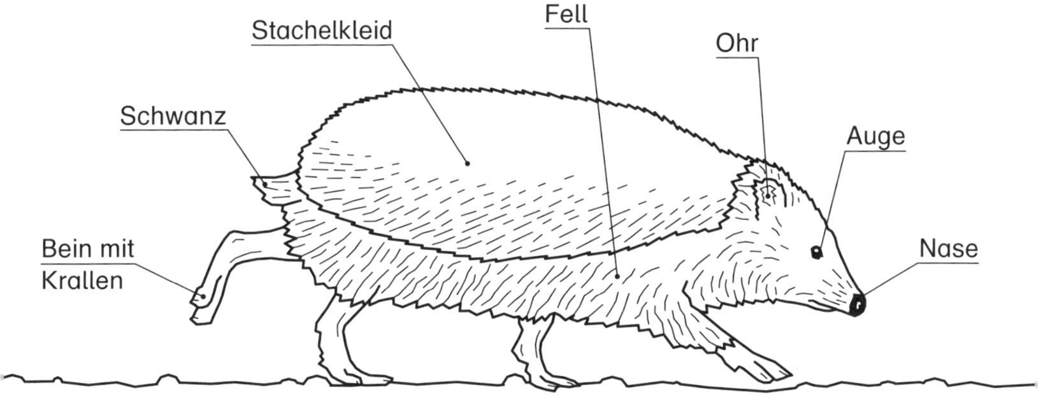

langen Schwanz. Der Igel kann nicht gut sehen, aber ausgesprochen gut riechen und hören.

Hast Du schon einmal einen Igel gesehen?

ja ☐ nein ☐

Oder hast Du schon einmal einen Igel gestreichelt?

ja ☐ nein ☐

Magst du Igel? ja ☐ nein ☐

Igel besitzen etwas ganz Besonderes, nämlich ein zusätzliches Geruchsorgan. Es heißt das „Jacobson-Organ". Mit diesem Organ können die Igel testen, ob die gefundene Nahrung essbar ist.

Sie kauen die unbekannte Nahrung und es entsteht schaumiger Speichel. Dieser Speichel wird zum „Jacobson-Organ" befördert. Dieses Organ erkennt, ob die unbekannte Nahrung essbar ist oder nicht. So kann der Igel die Nahrung entweder runterschlucken oder ausspucken. Igel fressen am liebsten Insekten wie Laufkäfer oder Ohrwürmer. Die Raupen von Nachtfaltern, Spinnen und Regenwürmer mögen sie auch gern.
Igel sind Einzelgänger. Sie leben nicht in einer Gruppe zusammen. In der Nacht sind sie sehr aktiv. Das heißt, sie schlafen tagsüber und gehen nachts auf Futtersuche. Der Lebensraum des Igels sind Waldränder oder Hecken, Gebüsche in Gärten oder Parks. Im Sommer und Herbst fressen sich die Igel

einen Winterspeck an. Diesen Winterspeck mit den Fettreserven braucht der Igel, um im Winter zu überleben, wenn er keine Nahrung mehr findet und die Monate kalt sind. In der Regel hält er von Mitte November bis Anfang April Winterschlaf. Dazu sucht er sich ein Versteck in Laubhecken, Kompost- oder Laubhaufen oder unter gesammelten Ästen.
Auch Holzstapel werden als Unterschlupf genutzt.
Beim Winterschlaf verbraucht der Igel nur noch sehr wenig Energie. Dazu kühlt sein Körper ab und seine Atmung und sein Herzschlag werden viel langsamer als sonst. So kann er den Winter über durchhalten. Im Frühling erwacht der Igel aus seinem Winterschlaf. Nun wiegt er nur noch ungefähr halb so viel wie vorher.
Ab Mai beginnt für die Igel die Paarungszeit.
Igelmännchen und Igelweibchen paaren sich. Fünf Wochen ist das Weibchen nun trächtig. Das heißt, es entwickeln sich Igelbabys im Bauch des Weibchens. Für die Geburt baut das Weibchen ein Nest aus Blättern und Gräsern. Dann bringt das Weibchen vier bis sieben Junge zur Welt.

Jedes einzelne wiegt nur 10 bis 25 Gramm. Bei der Geburt sind die Babys blind und taub. Stacheln besitzen sie schon bei der Geburt. Jedoch sind diese weiß und unter einer Haut versteckt, damit sie die Mutter bei der Geburt nicht verletzen.
Nach zwei Wochen öffnen sich die Augen und Ohren. Das Einrollen gelingt ihnen nach zwanzig Tagen. Zu dieser Zeit entstehen auch aus den weißen Babystacheln die Erwachsenen-stacheln. Sechs Wochen lang säugt die Igelmutter ihre Jungen.

Daher auch die Bezeichnung „Säugetier". Die Kleinen saugen an den Zitzen der Mutter die Muttermilch. Dann müssen sie selbst auf Futtersuche gehen und sich Reserven für ihren ersten Winterschlaf anfressen. Sie sollten zum Winter mindestens 700 Gramm wiegen. Ansonsten würden sie nicht überleben. Igel-kinder, die erst sehr spät im Jahr geboren werden, haben nicht mehr genügend Zeit sich eine Speck-schicht anzufressen. Da können Menschen helfen, indem sie das Tier zu einer Igelstation bringen. Dort wird der Igel erst mit Hunde- oder Katzenfutter sowie mit Zusätzen von Kalk, Haferflocken und Öl gefüttert. Nachdem er noch von Zecken und anderem Ungeziefer befreit wurde, kann er in der Igelstation auch seinen Winterschlaf machen.

Leider gibt es auch Gefahren für den Igel. Die Hauptgefahr für den Igel ist die Straße. Viele Igel werden von Autos überfahren.

Was kannst du tun?

So kannst du dem Igel helfen, damit er keinen anderen Gefahren ausgesetzt ist:

Biete dem Igel ein Überwinterungsquartier, indem du im Garten Laub- und Reisighaufen schaffst! Decke Kellerschächte oder tiefe Gruben ab, in die sie hineinfallen können! Vermeide chemische Schädlingsbekämpfungsmittel oder Dünger im

Garten, damit könnte sich der Igel vergiften!
Stelle doch im Herbst regelmäßig eine Schale mit Hunde- oder Katzenfutter für den Igel hin, damit er sich genug Winterspeck anfressen kann!
Er freut sich auch über eine Schale mit Wasser, Milch ist nicht gut für den Igel.

Beantworte nun die Fragen zum Text! Bemühe dich, wenn möglich, in ganzen Sätzen zu schreiben!

Ist der Igel ein Säugetier?

ja ☐ nein ☐

Was heißt Säugetier?

____

____

____

Haben alle Igel auf der Welt Stacheln?

____

____

____

Wie groß und schwer wird ein Igel?

____

____

Warum hat ein Igel Stacheln?

____

____

Was ist Keratin?

____

____

____

Kann ein Igel gut riechen?	ja ☐	nein ☐
hören?	ja ☐	nein ☐
sehen?	ja ☐	nein ☐

Was ist das „Jacobson-Organ"?

____

____

____

____

Und nicht vergessen:
Immer in ganzen
Sätzen schreiben!

Was frisst ein Igel?

Wo leben Igel?

Was machen Igel tagsüber?

Was machen Igel in der Nacht?

Was macht der Igel von Mitte November bis Anfang April? Erzähle!

Was passiert mit dem Körper des Igels während des Winterschlafs?

Haben Igelbabys Stacheln?

Wie lange werden Igelbabys von der Igelmutter gesäugt?

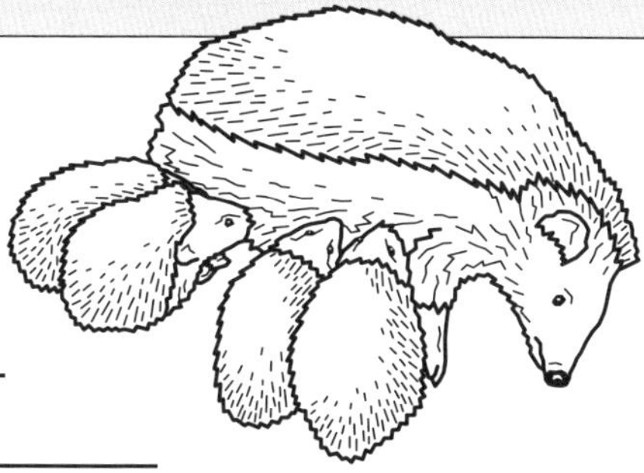

Was sollten alle Igel im Herbst geschafft haben, um Winterschlaf zu halten?

Wie kannst du einem Igel helfen, dass er nicht in Gefahr kommt?

Hast du schon einmal einem Igel geholfen?

Wenn ja, was hast du getan?

Hast du einen Garten?

Wenn ja, ist dein Garten igelfreundlich?